ENGLISCH MIT RITTER ROST
DAS GRIPSTURNIER

von Jörg Hilbert und Felix Janosa

Langenscheidt
terzio

Hello, Welcome to Wireland. Unser kleines englischsprachiges Land liegt inmitten der *Iron Mountains* – wie sagt man das auf Deutsch? Ach ja: in den Eisenbergen.

Wir möchten ein Ritterturnier veranstalten, um zu herauszufinden, wer *the cleverest,* äh, der Klügste, ist. Aber dazu müssen die Ritter erst mal den richtigen Weg hierher auskundschaften. Die Buchstaben, die sie dabei finden, kommen in die Kästchen unter mir. Sie ergeben meinen Namen und Beruf.

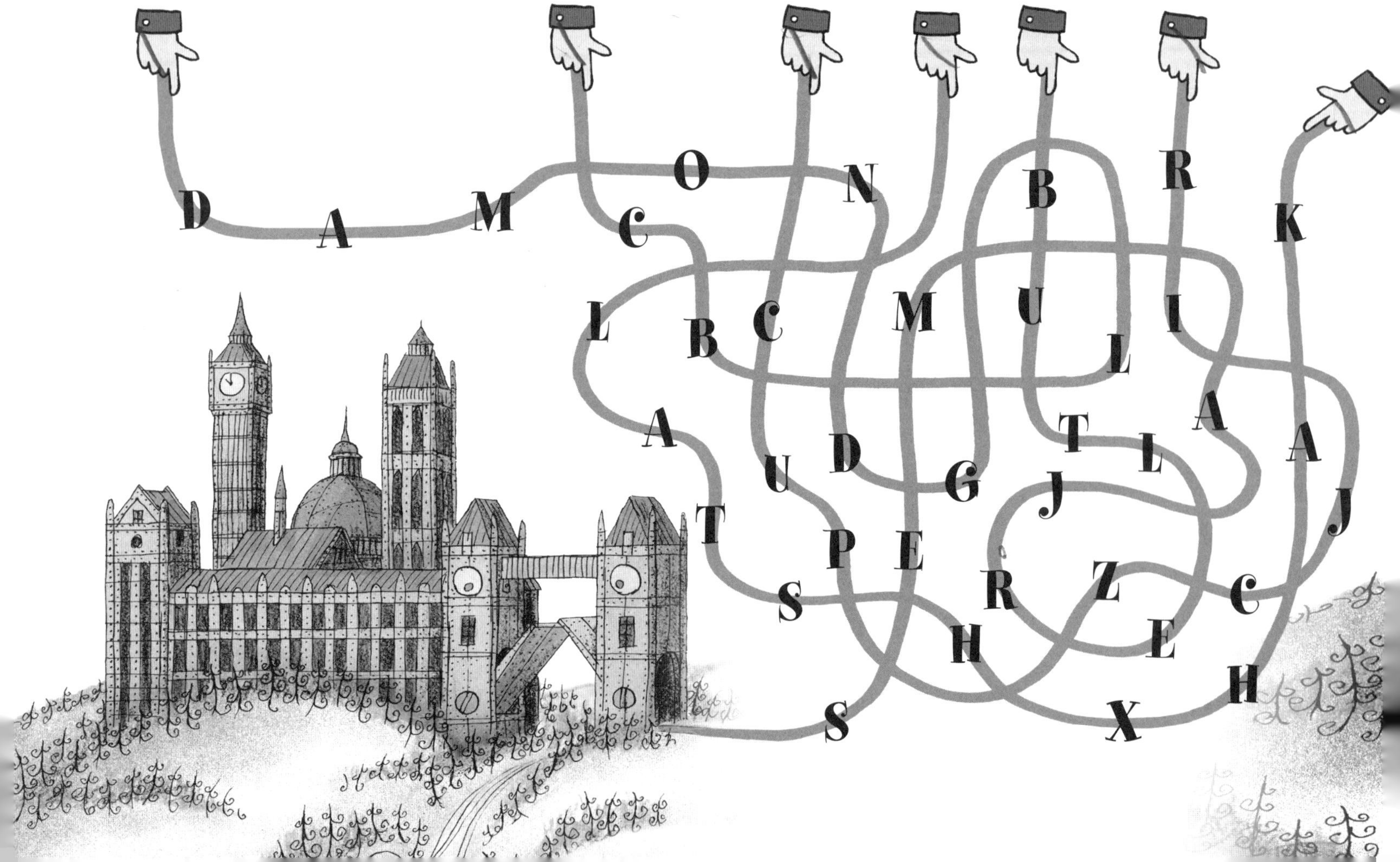

Bis die Ritter alle zu unserem Turnier angereist sind, kann ich dir noch ein bisschen über Wireland erzählen: Es ist ein winzig kleiner Staat mit allem, was dazugehört: Eingang, Ausgang und ein paar hübschen Häusern dazwischen.

Am wichtigsten ist aber natürlich *the castle* – äh, das Schloss – denn es hat die meisten Türen. Es sind so viele, dass ich sie selber manchmal durcheinander bringe. Könntest du mir helfen und die richtigen Bezeichnungen auf die Türschilder schreiben?
Das ist außerordentlich nützlich, vor allem, wenn man mal ganz dringend auf die Toilette muss.

library **toilet**

bedroom **kitchen**

music room

playroom **living room**

bathroom

Hier siehst du die Ritter, die schon da sind sind. Leider haben sie ihre schmucken Tierwappen-Schilde durcheinandergebracht. Kannst du sagen, welches wem gehört? Verbinde sie mit einer Linie.

Einige Ritter konnten noch nicht eingeladen werden, weil die Adresse nicht stimmte. Kannst du sagen, welcher von ihnen in welchem Turm wohnt, damit *the postman* – der Postbote – ihnen die richtige Einladung zustellen kann? Trage die Buchstaben an der richtigen Stelle ein, dann kannst du lesen, was »Turnier« auf Englisch heißt.

Sir Cuthbert »the eagle«..........	
Sir Ironhoe »the rabbit«	
Baron of Drainpipe »the dog«..	
Sir Galvanhad »the horse«.......	
Count Garlic »the bat«............	
Sir Lotsalimbs »the fox«..........	
Sir Kettlebert »the dragon«.....	
Sir Curry »the goat«...............	
Sir McMetal »the lion«............	
Sir Chromiumhead »the cat«....	

 helmet	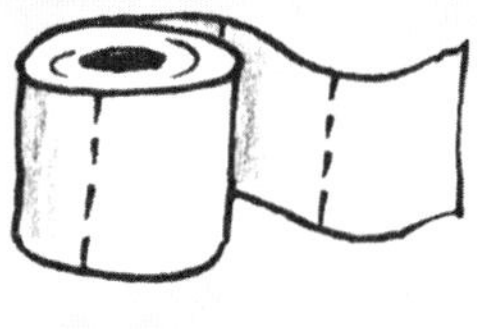 toilet paper	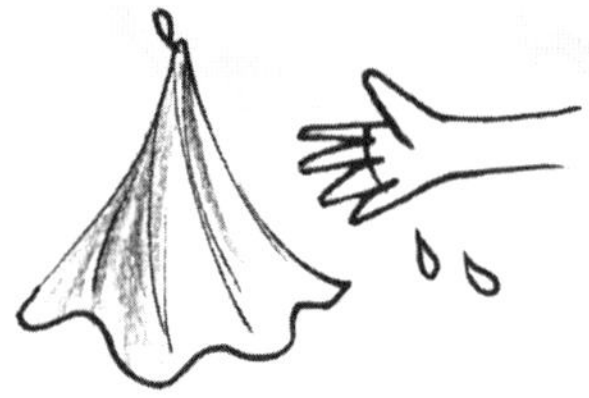 towel	 ship
 pyjamas	 picture	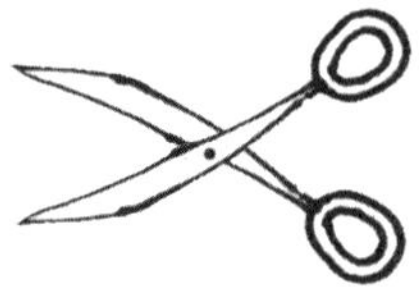 scissors	 alarm clock
 traffic light	 toothbrush	 tractor	 socks
 camera	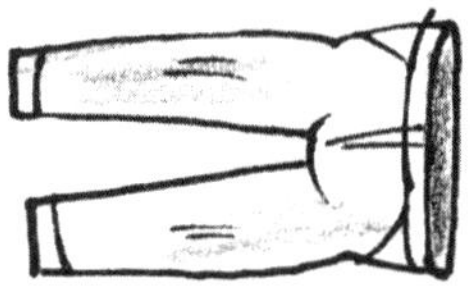 trousers	 belt	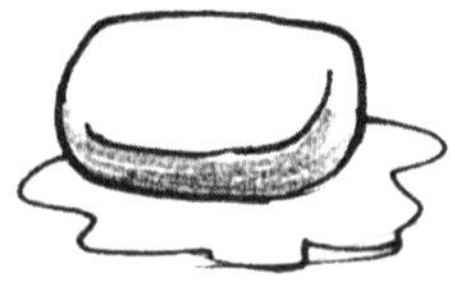 soap
 key	 chair	 rubber boots	 lamp
 cake	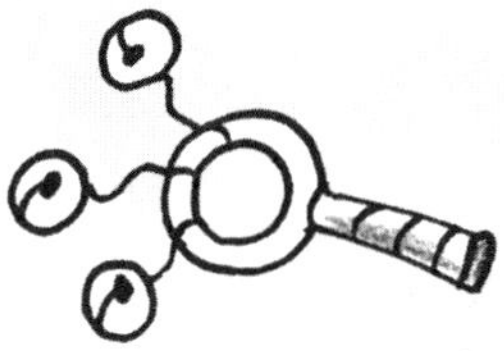 toy	 radio	 slippers

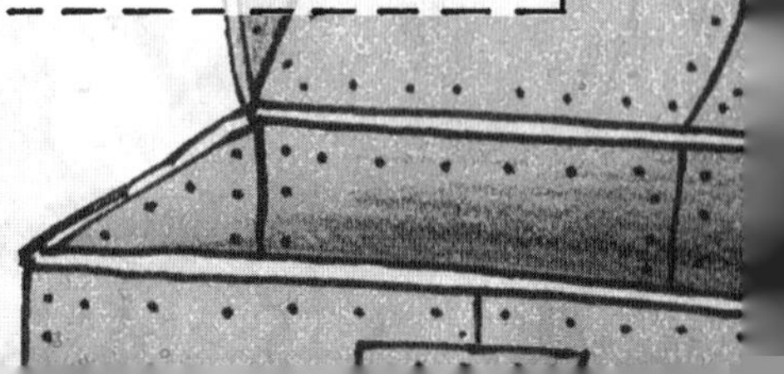

Ritter Rost packt seine Sachen
für 2-5 Spieler

Der Ritter Rost ist natürlich auch eingeladen und muss erst mal seine Sachen packen. Um ihm zu helfen, könntest du schon mal die linke Seite auf einen Karton kleben. Danach müssten einzelne Karten ausgeschnitten werden, deren Rückseite ganz genau gleich aussehen sollte. Denn dann kann man damit *Ritter Rost packt seine Sachen* spielen.

1. Legt alle Karten verdeckt nebeneinander. Der erste Spieler deckt eine Karte auf und sagt:
»The knight takes his … with him.«
Die Karte wird dann wieder verdeckt auf ihren Platz gelegt.
2. Der nächste Spieler zeigt auf die erste Karte (ohne sie umzudrehen), deckt eine neue Karte auf und sagt:
»The knight takes his … and his … with him.«
3. Der dritte Spieler führt das Spiel mit einer dritten Karte in diesem Sinne fort. Die Mitspieler passen auf, dass die Reihenfolge stimmt. Bei einem Fehler scheidet der entsprechende Mitspieler aus.
4. Gewonnen hat derjenige Spieler, der sich die meisten Dinge merken konnte, ohne einen Fehler zu machen.
Zusatzregel: Nicht alle Dinge passen in die Reisetruhe des Ritter Rost (z.B. *ship*). Wer eine solche Karte aufdeckt, muss sie zur Seite legen. Wenn er es vergisst, scheidet er ebenfalls aus.

Well, das Essen muss natürlich auch noch vorbereitet werden. Es soll Obst und Gemüse geben. Und wenn du im Bild alle **Obstfelder** rot anmalst und die **Gemüsefelder** grün, weißt du, warum wir hier in Wireland gerne vegetarisch essen. Süß, oder?

pear

strawberry

apple

bean

cherry

potato

pea

onion

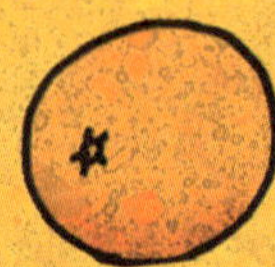

orange

cabbage

melon

lemon

carrot

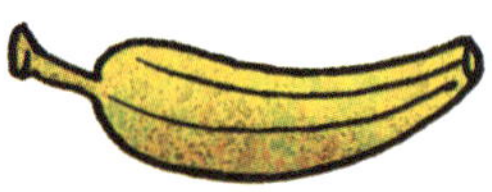

banana

lettuce

Der Koch bereitet alles zu. Allerdings braucht er dazu noch ein paar Extra-Zutaten: **Pfeffer, Salz, Essig, Mehl, Eier, Zucker** und **Öl**. Kannst du die entsprechenden englischen Wörter auf seiner Schürze finden?

Als letzte Vorbereitung für das Turnier müsste noch das Stadttor geschmückt werden. Verbinde die Punkte in der richtigen Reihenfolge und ergänze die fehlenden Buchstaben auf den Willkommensgrüßen.

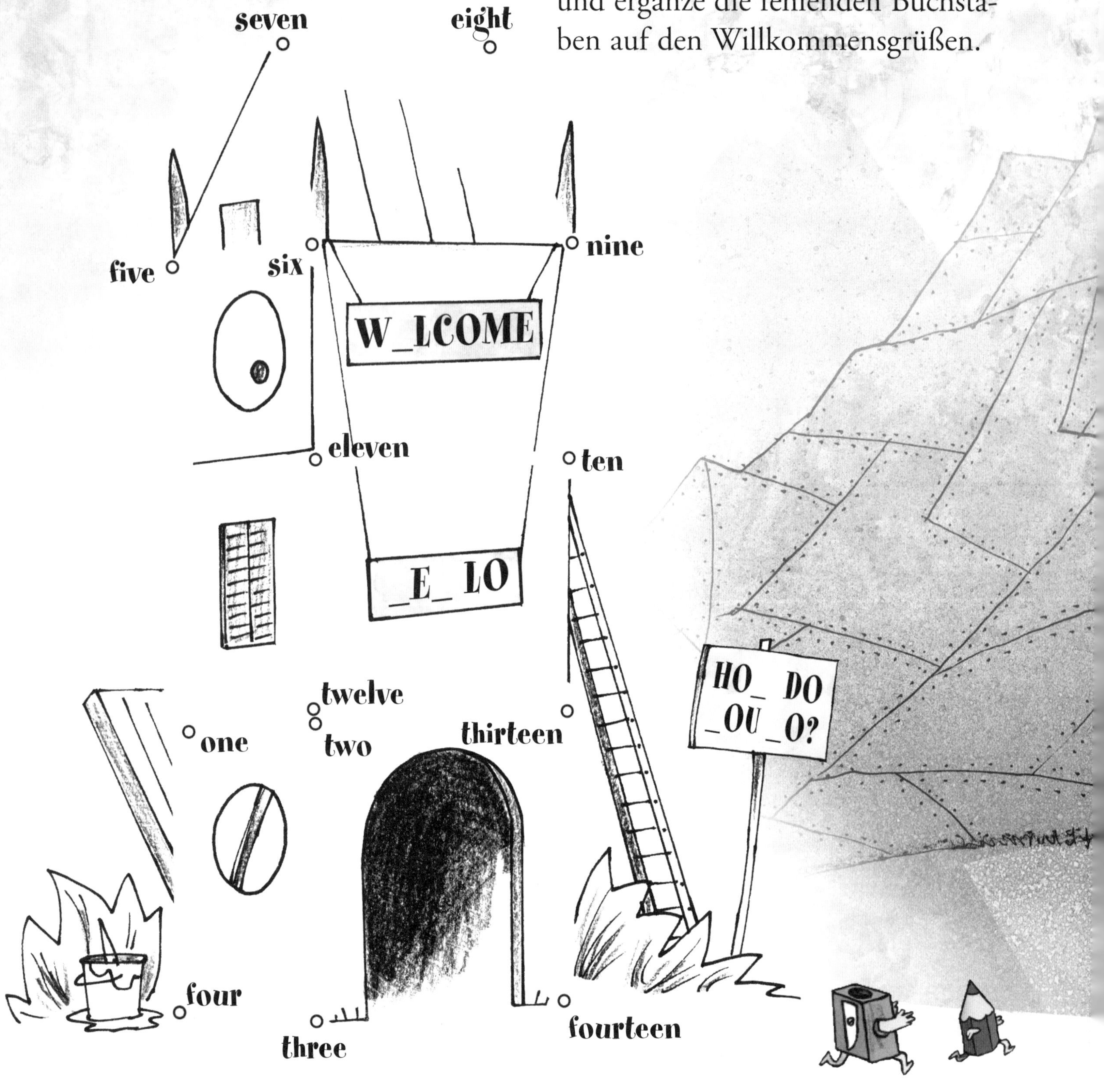

Lass uns mal nachsehen, ob alle Ritter rechtzeitig angekommen sind. Dazu musst du ihre Namen an den richtigen Platz in der Tabelle schreiben. Übrigens: Damit wir wissen, ob Vormittag oder Nachmittag gemeint ist, schreiben wir es in Wireland so:
a.m. für *vor* 12 Uhr
p.m. für *nach* 12 Uhr.

Ritter	Ankunft
	4.00 a.m.
	9.00 a.m.
	1.00 p.m.
	5.00 p.m.
	7.00 p.m.

Sir Chromiumhead
»I was here for lunch, at one o'clock.«

Sir Ironhoe
»Well, I was here at seven o'clock in the evening.«

Sir Cuthbert
»I arrived at five o'clock in the afternoon.«

Sir Kettlebert
»I arrived at nine o'clock in the morning.«

Sir Galvanhead
»I came to Wireland at four o'clock in the morning.«

Bekanntmachung

Alle Teilnehmer des Gripsturniers werden dazu angehalten, den ritterlichen Tagesplan einzuhalten. Ferner werden sie gebeten, die unten stehenden Sätze den mittelalterlichen Miniaturen auf der rechten Seite zuzuordnen, indem sie die richtigen *numbers* (Nummern) von eins bis neun in die entsprechende Kästchen zu schreiben.

Number:
Number:
Number:
Number:
Number:
Number:
Number:
Number:
Number:

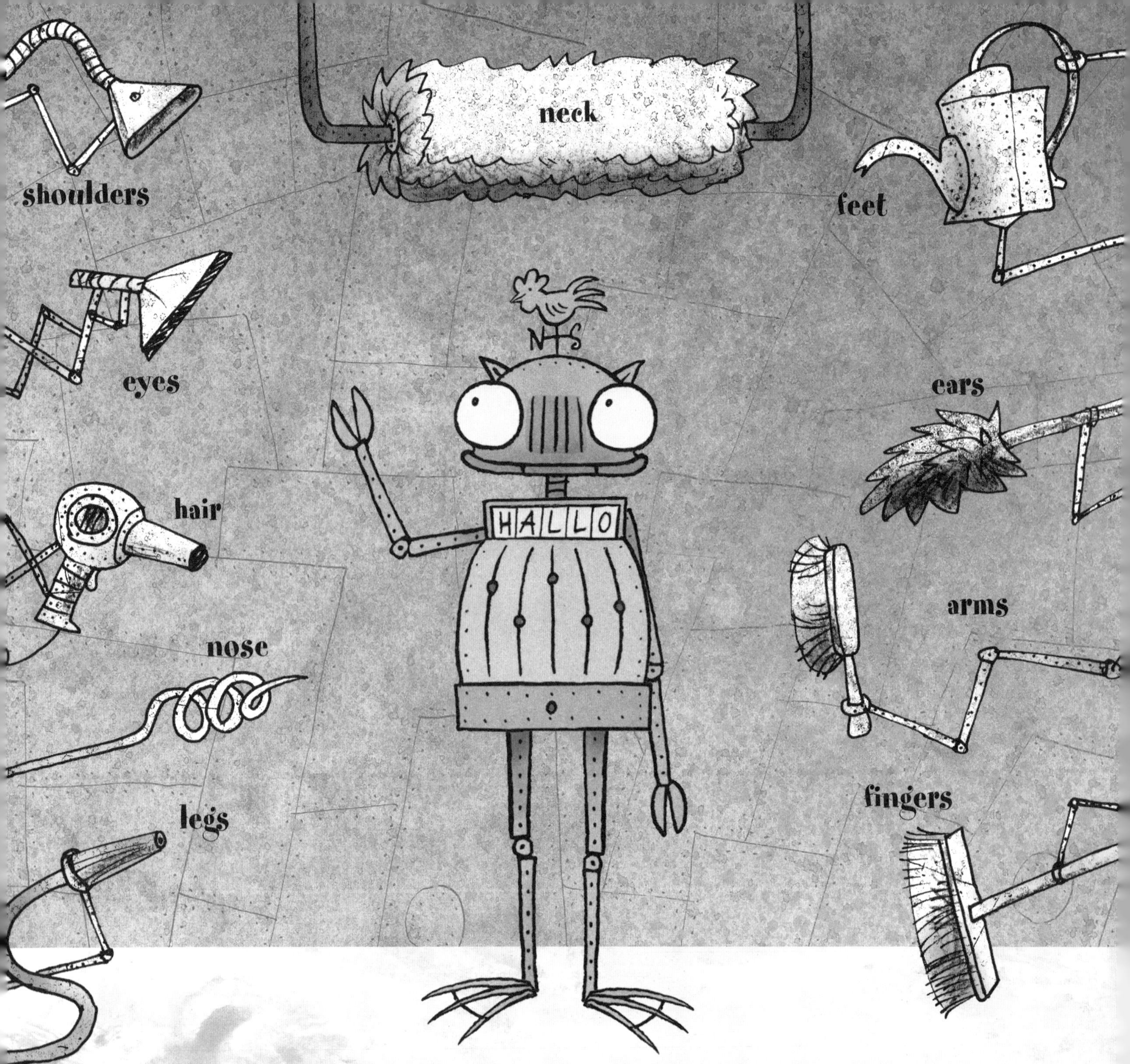

Die Ritter sind ganz schön staubig nach der langen Anreise. Also: ab in die Ritter-Waschanlage! Hier werden sie geschrubbt, weichgespült, geföhnt und auf Hochglanz poliert. Für jeden Körperteil gibt es ein spezielles Reinigungsgerät. Stelle die richtige Verbindung her.

✎	right	wrong
table		
wardrobe		
mirror		
television		
radio		
bookshelf		
carpet		
lamp		
armchair		

Jetzt können die Ritter endlich ihre Unterkünfte beziehen. Bei den teureren Zimmern ist alles in Ordnung, aber bei den billigen gibt es noch den einen oder anderen Grund zur Beanstandung. Kreuze auf der Liste an, was in diesem Zimmer noch nicht so ist, wie es sein sollte.

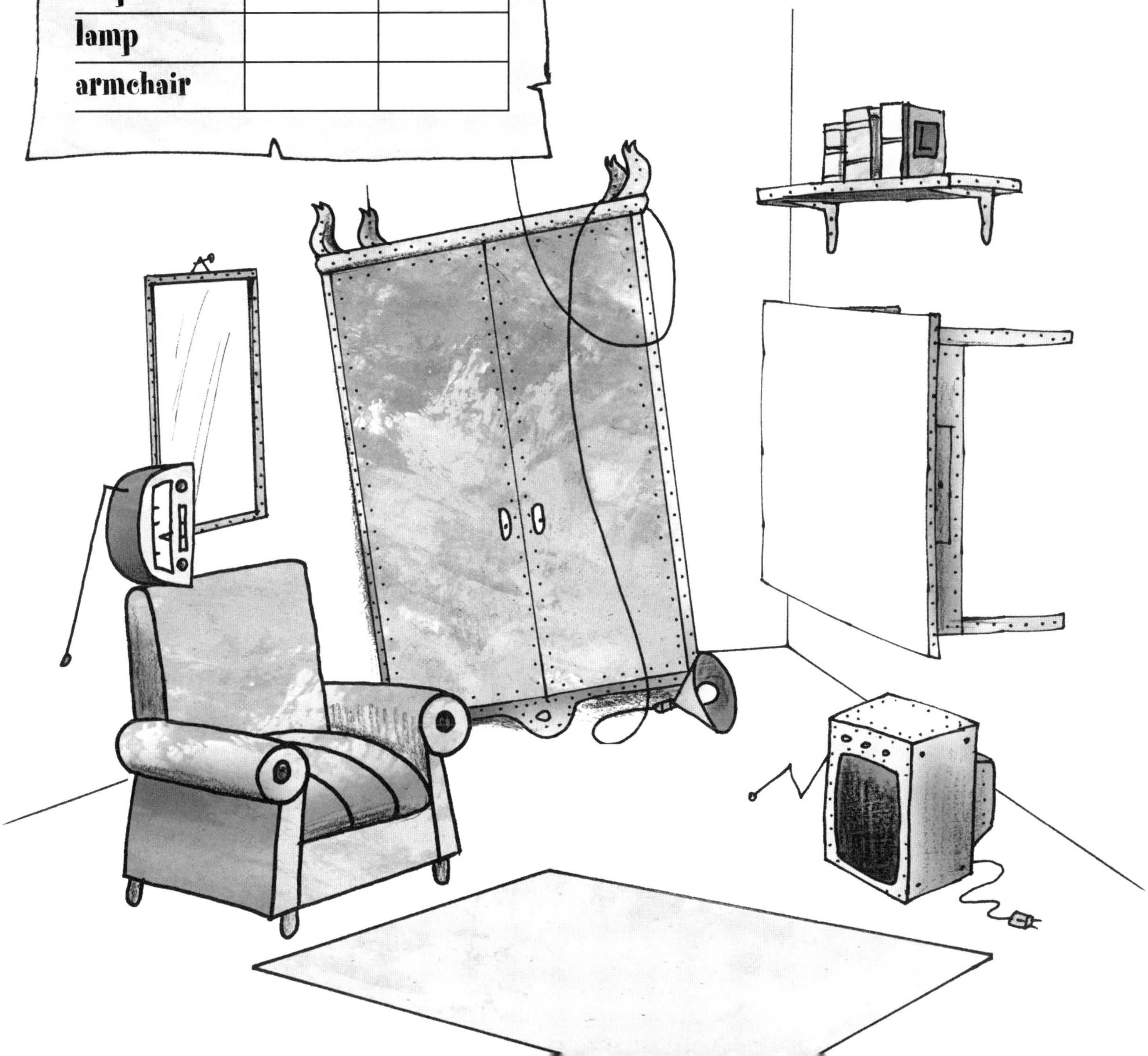

Erste Gripsturnier-Prüfung

Well, genug der Vorbereitungen – jetzt kann das Turnier beginnen. Werte Teilnehmerinnen und Teilnehmer, es ist bekanntlich Ritterpflicht, jeden Tag eine gute Tat zu begehen. Voraussetzung dafür ist natürlich ein ordentlicher Kalender.

Bringt die Buchstaben der sieben Wochentage in die richtige Reihenfolge und schreibt sie dann auf der rechten Seite an die richtige Stelle.

tyraSaud

irFady

yesTuad

asnedWedy

yuahTsdr

yanduS

dyaMno

THE WEEK

DAY 1  ....

DAY 2 ....

DAY 3 ....

DAY 4 ....

DAY 5 ....

DAY 6 ....

DAY 7 ....

Zweite Gripsturnier-Prüfung

Lasst uns zur zweiten Prüfung unseres Gripsturniers schreiten. Ein wahrer Ritter muss nicht nur die Kampfeskunst beherrschen, sondern auch alle anderen Künste wie zum Beispiel das Malen. Hier ist die Aufgabe: Auf der Palette unten bekommt ihr Hinweise, welche *colour* (Farbe) zu welcher Zahl gehört. Malt das Bild auf der rechten Seite damit fertig – so bunt wie ein Schmetterling.

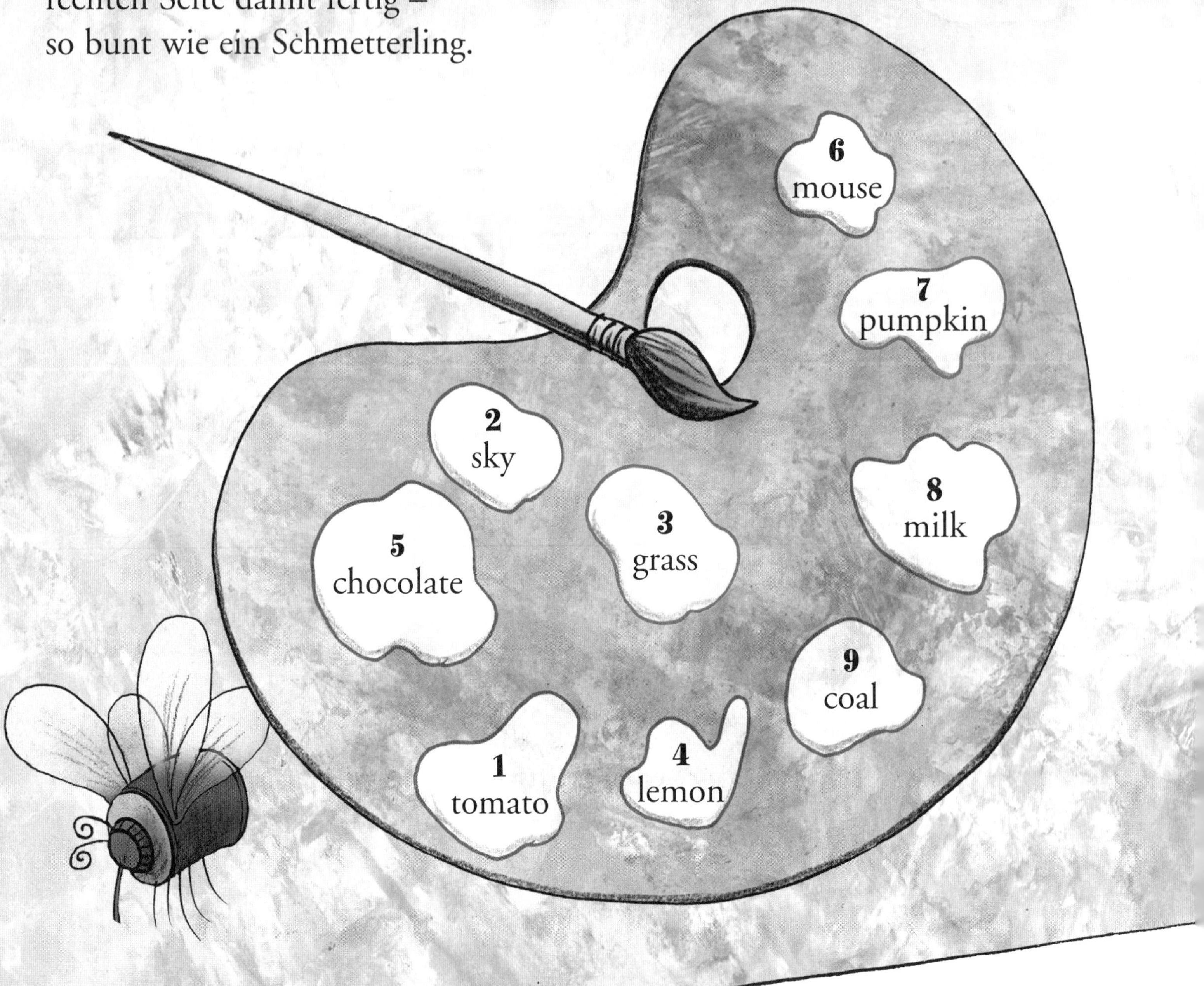

Dritte Gripsturnier-Prüfung

Hier soll die Gedächtniskraft der Recken im Duell gemessen werden. Mischt dazu die Karten, legt sie verdeckt hin und überlegt, welche Pärchen zueinander passen.

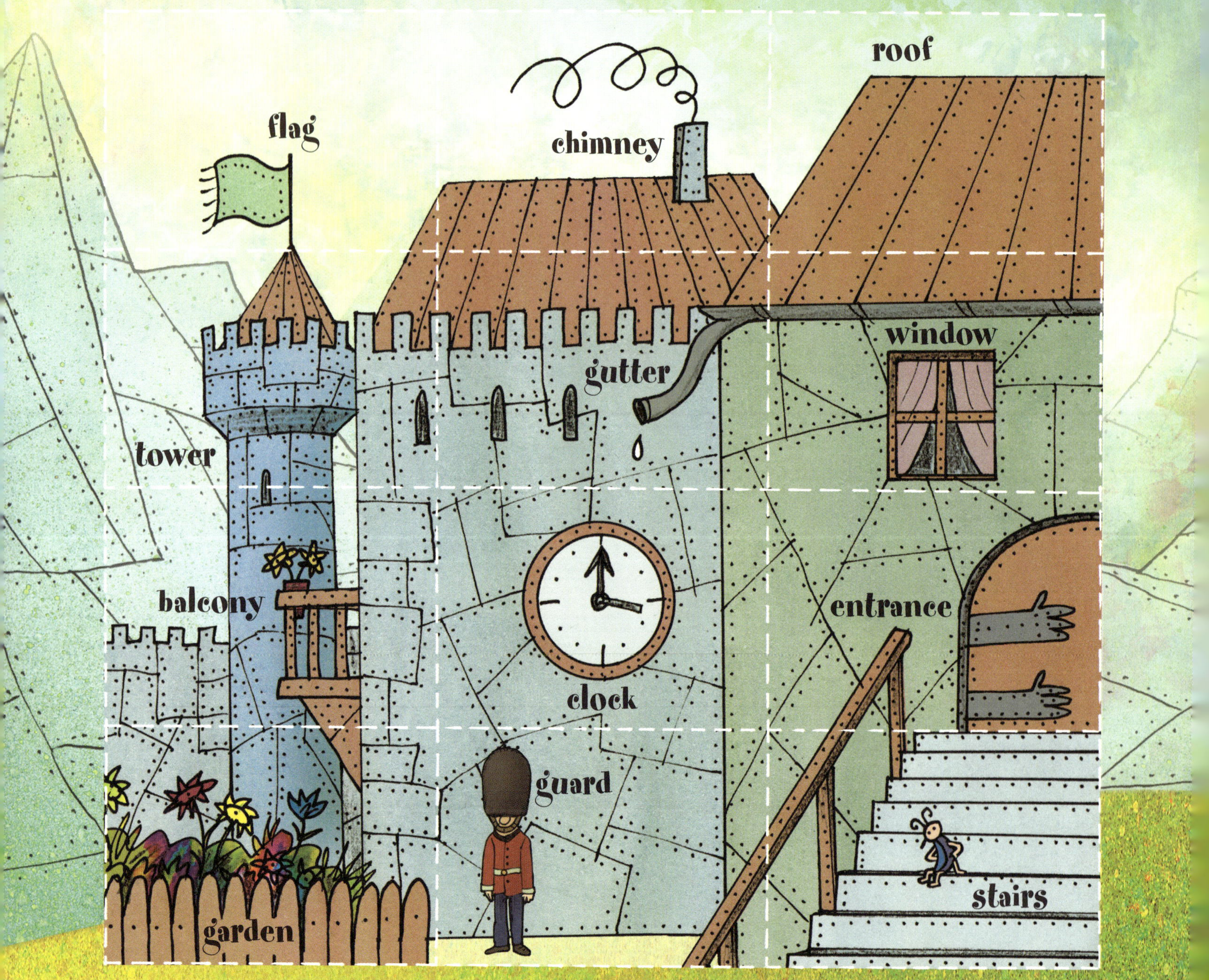

Jeder Spieler deckt immer zwei Karten auf. Wenn sie ein Pärchen bilden, behält er sie. Andernfalls legt er sie wieder verdeckt zurück. Der Spieler mit den meisten Pärchen gewinnt.

Tipp: Schneide die Kärtchen erst aus, wenn du die Aufgabe auf der folgenden Seite gelöst hast oder kopiere sie vorher. Klebe die Karten auf starkes Papier oder Pappe, damit sie hinten möglichst gleich aussehen.

clever

peaceful

Vierte Gripsturnier-Prüfung

Werte Recken! Lasst uns anlässlich der vierten Prüfung das berühmte Gemälde-Kabinett des königlichen Schlosses besuchen. Hier warten sechzehn herrliche Gemälde auf euch. Verbindet die sechs Bildpaare, welche Gegensätze bilden.

busy
lazy
angry
weak
stupid
NEIN
dirty
sad
happy

Ein kleiner Spaziergang zur Erholung

Ein Spiel für beliebig viele Spieler. Wer als erstes das Feld »goal« erreicht, hat gewonnen.

- ⚅ You play again
- Turn right
- Turn left
- Take a break

this way back
the forest
a shortcut
the lake

Fünfte Gripsturnier-Prüfung

Die fünfte Prüfung dient der korrekten Anfertigung von Minnegedichten und anderen nutzlosen poetischen Erzeugnissen. Dazu müsst ihr die Wörter, die sich reimen, miteinander verbinden. Tragt die fehlenden Reime an der richtigen Stelle rechts auf dem Notenblatt ein!

The T-Shirt Song (Felix Janosa)

1. Tell me, tell me,
What is on your shirt?
Nothing's on your shirt but

2. Tell me, tell me,
What is on your shirt?
Nothing's on your shirt
But a house and a
And dirt!

3. Tell me, tell me,
What is on your shirt?
Nothing's on your shirt
But a house and a mouse
And a dog and a
And dirt.

4. Tell me, tell me,
What is on your shirt?
Nothing's on your shirt
But a house and a mouse
And a dog and a frog
And a heart and a
And dirt.

5. Tell me, tell me,
What is on your shirt?
Nothing's on your shirt
But a house and a mouse
And a dog and a frog
And a heart and a tart
And a car and a
And dirt.

6. Tell me, tell me,
What is on your shirt?
Nothing's on your shirt
But a house and a mouse
And a dog and a frog
And a heart and a tart
And a car and a star
And a hat and a
And dirt.

The T-Shirt Song

Felix Janosa

Du kannst dir übrigens eine Karaoke-Version als mp3 aus dem Internet laden: www.langenscheidt.de/kids

Die Zeitungen von Wireland schreiben natürlich über das Gripsturnier. Leider haben die Reporter vor lauter Begeisterung die Fotos durcheinander gebracht. Kannst du sie wieder den richtigen Texten zuordnen? Aber pass auf – ein paar werden gar nicht gebraucht.

1
2
3
4
5
6
7
8
9
H3
ABCD
EFGH
IJKL
MNO
PQR
STUV
WXYZ

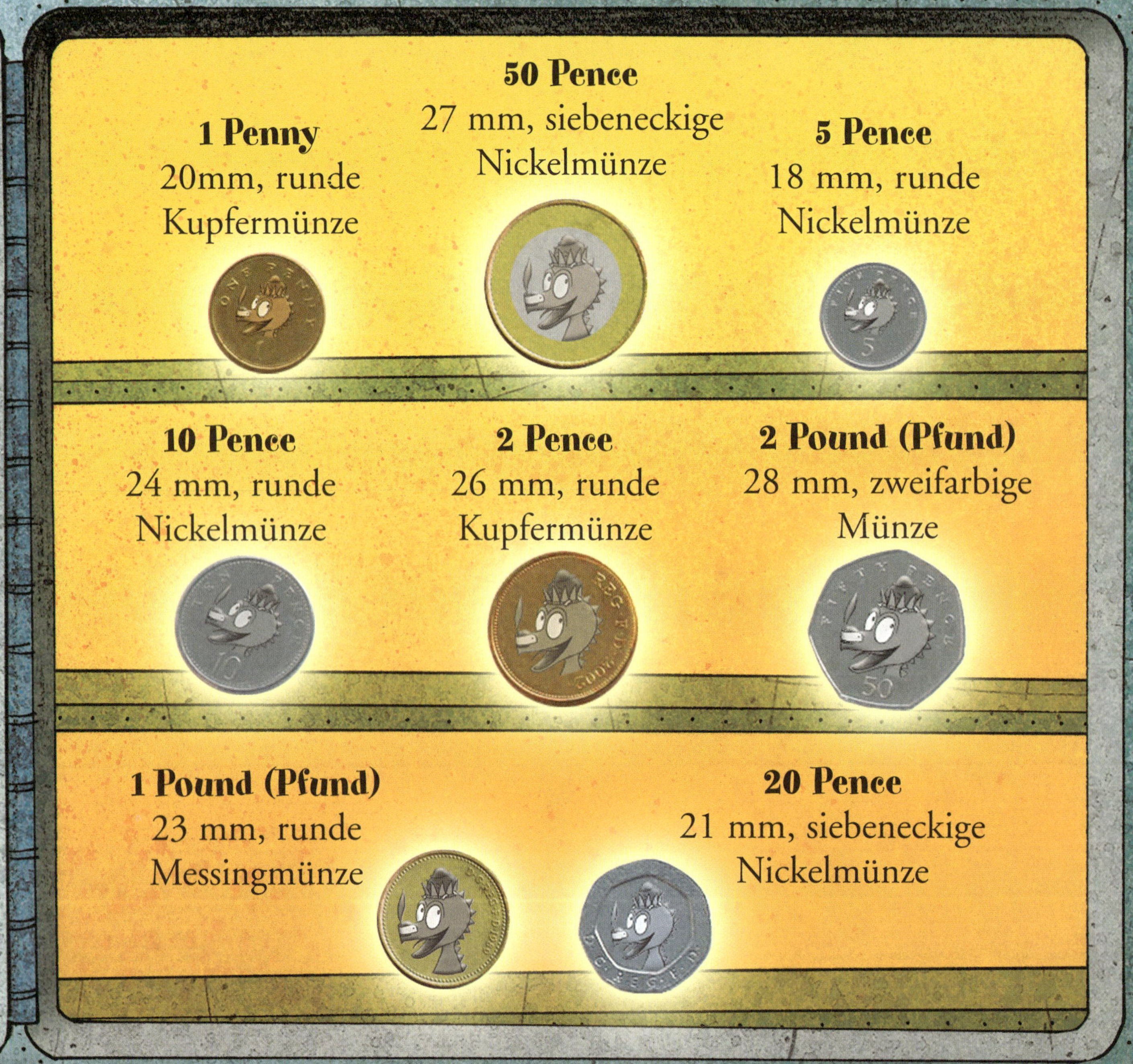

Sechste Gripsturnier-Prüfung

Begeben wir uns nun in die königliche Schatzkammer. Hier finden wir jene acht Münzen, die es bei uns in Wireland gibt (sie ähneln den englischen). Deine Aufgabe ist es, damit die Souvenirs von nebenan zu kaufen – von jeder Farbe eins. Aber nicht einfach irgendwie, sondern *mit so wenig Münzen wie möglich.* Wie viele benötigst du jeweils dazu? Ach ja: zwei Münzen im Tresor oben sind vertauscht. Weißt du, welche?

£ 7,25
Münzen:
£ 3,05
Münzen:
£ 4,90
Münzen:
£ 1,53
Münzen:
£ 1,83
Münzen:
£ 5,29
Münzen:
£ 0,85
Münzen:

Siebte Gripsturnier-Prüfung

Welcome zur siebten, letzten und schwersten Prüfung! Dieses magische Schwert wartet auf denjenigen, der es aus dem Stein ziehen kann. Aber nur einer der sechs Knöpfe ist richtig, um den verborgenen Mechanismus in Gang zu setzen. Weißt du, welcher?

Zur Belohnung

Wenn du alles geschafft hast, hast du das Gripsturnier erfolgreich abgeschlossen – *congratulations.* Zur Belohnung darfst du das Schwert behalten. Die Inschrift lautet:

Draw the sword out of this stone
and the prize will be yours alone!

Wenn du wissen möchtest, was sie auf Deutsch heißt, schneide die Puzzlestücke aus und setze sie neu zusammen. Schau dir dafür am besten erst die folgende Seite an, oder mache dir eine Fotokopie.

Siegerehrung

Zur Siegerehrung wird ein großes Buffet aufgefahren. Allerdings müsstest du noch schnell *the menu* schreiben – die Speisekarte. Die dafür erforderlichen Wörter sind am Rand versteckt. Findest du sie?

Farewell to Wireland

Die Zeit der Abreise ist gekommen und alle sagen Auf Wiedersehen. Jedenfalls versuchen sie es. Doch leider klappt es mit dem Englischen bei zwei Rittern noch nicht ganz so richtig. Wer von den Jungs hat hier die Verabschiedung mit einer Begrüßung vertauscht?

Die große Grips-Prüfung

Und nun seid ihr an der Reihe mit der großen, abschließenden Gripsprüfungen. Hier könnt ihr noch einmal testen, wie viel englischen Grips ihr besitzt. Kreuzt die Antworten an, die ihr für richtig haltet, und schaut dabei möglichst nicht auf die Seiten davor, sonst beschummelt ihr euch selbst. Die richtigen Lösungen findet ihr auf der übernächsten Seite. Rechnet eure Punktzahlen aus und lest dann die Bewertung.

1. A pumpkin is ...
a) blue
b) red
c) green
d) orange

2. Mittagessen ist ...
a) dinner
b) breakfast
c) lunch
d) supper

3. Das Gegenteil von lazy ist
a) strong
b) happy
c) busy
d) clever

4. Womit kann man nicht essen?
a) fork
b) towel
c) spoon
d) knife

5. Was befindet sich am Kopf?

a) ears
b) legs
c) shoulder
d) feet

6. Einer ist kein Wochentag:

a) Tuesday
b) Friday
c) Holiday
d) Wednesday

7. Ein Gemüse ist ...

a) a pear
b) a strawberry
c) an onion
d) a melon

8. Auf dem Kopf trägt man ...

a) a cat
b) a hat
c) a bat
d) a plate

9. Eins gehört nicht zum Haus

a) a chimney
b) a gutter
c) a lake
d) an entrance

10. Vegetarier mögen nicht ...

a) chicken
b) lettuce
c) bread
d) cabbage

11. Nur eins dieser Tiere fliegt:

a) a cat
b) a bat
c) a rat
d) a toad

12. In den Kühlschrank gehört:

a) pepper
b) sugar
c) a knife
d) milk

13. Coal is ...

a) black
b) white
c) grey
d) blue

14. In the evening ...

a) I get up
b) I have lunch
c) I go to sleep
d) I have breakfast

Die große Grips-Prüfung - die Bewertung

Antworten

1. Frage: d) orange
2. Frage: c) lunch
3. Frage: c) busy
4. Frage: b) towel
5. Frage: a) ears
6. Frage: c) Holiday
7. Frage: c) an onion
8. Frage: b) a hat
9. Frage: c) a lake
10. Frage: a) chicken
11. Frage: b) a bat
12. Frage: d) milk
13. Frage: a) black
14. Frage: c) I go to sleep

0-5 richtige Antworten

How shocking! Hier hat jemand das Gripsturnier wohl nicht ganz ernst genommen. *Just try it again* – versuch's am besten gleich noch einmal!

6-10 richtige Antworten

Well, not so bad – nicht schlecht. Du hast schon viele englische Begriffe und Redewendungen kennen gelernt. Schau dir am besten die Dinge, die dir schwer gefallen sind, noch einmal an.

11-14 richtige Antworten

Marvellous – tadellos! Du bist ein echter Profi und hast das Gripsturnier mit Erfolg bestanden!

Lösungen 1

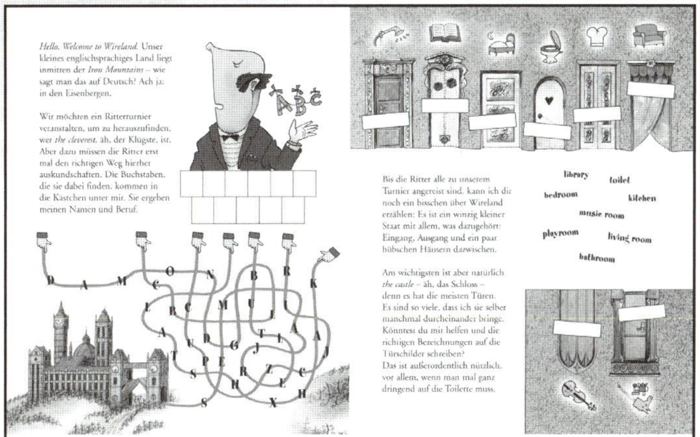

BUTLER
JAMES

Oben von links nach rechts:
bathroom, library, bedroom, toilet, kitchen, living room

Unten von links nach rechts:
music room, playroom

donkey – Esel
elephant – Elephant
monkey – Affe
octopus – Krake
cow – Kuh
snake – Schlange
parrot – Papagei

TOURNAMENT

Obst	Gemüse
pear	bean
strawberry	carrot
apple	lettuce
cherry	cabbage
melon	onion
lemon	pea
banana	potato
orange	

Y	K	L	V	O	Z	P
U	H	F	I	P	O	E
P	R	L	N	S	I	P
C	I	O	E	N	L	P
K	S	U	G	A	R	E
Q	A	R	A	T	X	R
T	L	K	R	L	M	Y
U	T	P	E	G	G	S

WELCOME

HELLO

HOW DO
YOU DO?

1. Sir Galvanhead
2. Sir Kettlebert
3. Sir Chromiumhead
4. Sir Cuthbert
4. Sir Ironhoe

Lösungen 2

Die richtige Reihenfolge der Nummern ist:

7	5	9
4	8	1
2	6	3

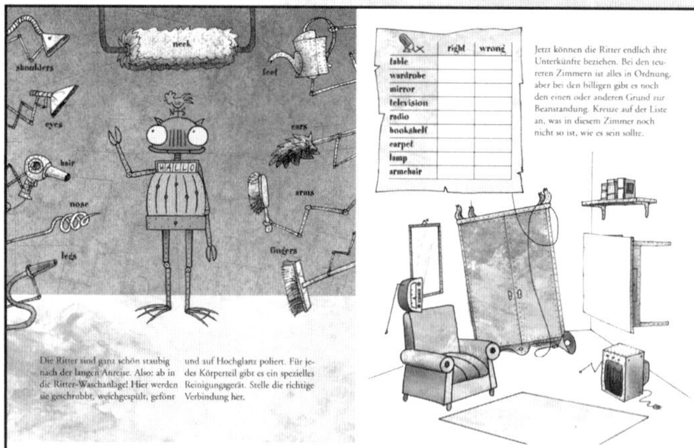

shoulders – Schultern
eyes – Augen
hair – Haar
nose – Nase
legs – Beine
neck – Hals
feet – Füße
ears – Ohren
arms – Arme
fingers – Finger

	right	wrong
table		X
wardrobe		X
mirror	X	
television		X
radio		X
bookshelf	X	
carpet	X	
lamp		X
armchair	X	

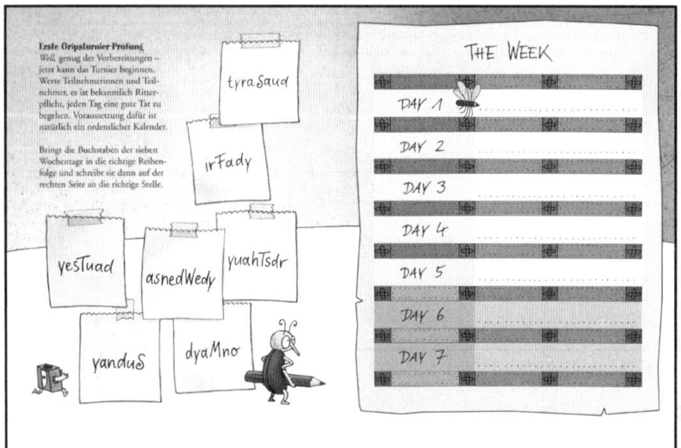

Day 1: Monday
Day 2: Tuesday
Day 3: Wednesday
Day 4: Thursday
Day 5: Friday
Day 6: Saturday
Day 7: Sunday

sky – blau
chocolate – braun
grass – grün
tomato – rot
lemon – gelb
coal – schwarz
milk – weiß
pumpkin – orange
mouse – grau

Lösungen 3

clean-dirty
weak-strong
peaceful-angry
silly-stupid
busy-lazy
happy-sad

1. Nothing's on your shirt but *dirt*
2. But a house and a *mouse*
3. And a dog and a *frog*
4. And a heard and a *tart*
5. And a car and a *star*
6. And a hat and a *cat*

A knight on a horse – 2
A bicycle – 3
The sun is shining – 7
Two hungry sharks – 4
A ship at sea – 6
A dragon and a ghost – 1

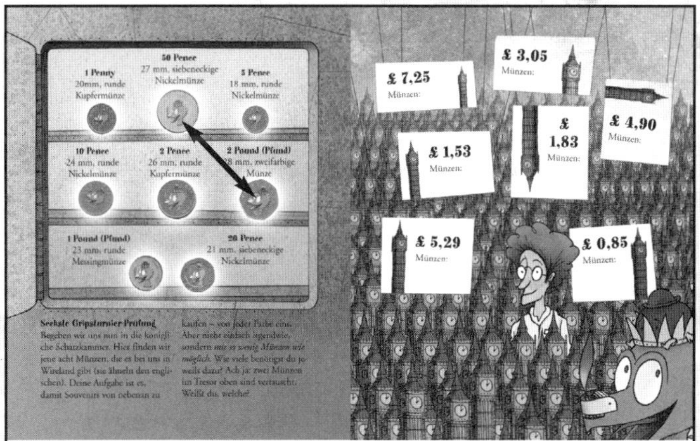

£ 7,25 – 6 St.
3x 2-Pfund
1x 1-Pfund
1x 20-Pence
1x 5-Pence

£ 0,85 – 4 St.
1x 50-Pence
1x 20-Pence
1x 10-Pence
1x 5-Pence

£ 4,90 – 5 St.
2x 2-Pfund
1x 50-Pence
2x 20-Pence

£ 1,53 – 4 St.
1x 1-Pfund
1x 50-Pence
1x 2-Pence
1x 1-Penny

£ 3,05 – 3 St.
1x 2-Pfund
1x 1-Pfund
1x 5-Pence

£ 5,29 – 7 St.
2x 2-Pfund
1x 1-Pfund
1x 20-Pence
1x 5-Pence
2x 2-Pence

Lösungen 4

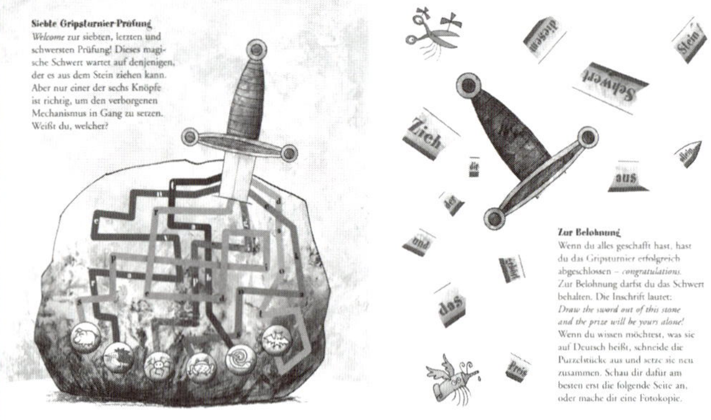

RAVEN
(Rabe)

Zieh das Schwert
aus diesem Stein
und der Preis
gehört dir allein.

Salat – salad
Brot – bread
Huhn – chicken
Reis – rice
Suppe – soup
Spaghetti – spaghetti
Pommes – French fries
Löffel – spoons
Cola – coke
Teller – plates

Apfelsaft – apple juice
Gabeln – forks
Bier – beer
Messer – knives
Wasser – water
Tee – tea

»Nice to meet you«
ist falsch

Wörterverzeichnis

A

a ə ein, eine
a.m. ˈeɪ ˈem vormittags (vor 12 Uhr)
afternoon ˈɑːftəˈnuːn Nachmittag
  I arrived at five o'clock in the afternoon. aɪ əˈraɪvd ət ˈfaɪv‿əˈklɒk ɪn ði ˈɑːftəˈnuːn Ich bin um fünf Uhr nachmittags angekommen.
  in the afternoon ɪn ði‿ˈɑːftəˈnuːn **am Nachmittag,** nachmittags
again əˈgen noch einmal
  Just try it again. dʒəst traɪ ɪt əˈgen Versuch's einfach noch einmal.
  You play again. ˈjuː pleɪ əˈgen Du bist noch einmal dran.
alarm clock əˈlɑːm klɒk Wecker
alone əˈləʊn allein
and ænd und
angry ˈæŋgrɪ böse, wütend
apple ˈæpl Apfel
  apple juice ˈæpl dʒuːs Apfelsaft
armchair ˈɑːmtʃeə Sessel
arms ɑːmz Arme
at æt um, auf
  at five o'clock ət ˈfaɪv‿əˈklɒk um fünf Uhr
  at four o'clock ət ˈfɔːr‿əˈklɒk um vier Uhr
  at nine o'clock ət ˈnaɪn‿əˈklɒk um neun Uhr
  at one o'clock ət ˈwʌn‿əˈklɒk um ein Uhr
  at sea ət ˈsiː auf See
  at seven o'clock ət ˈsevn‿əˈklɒk um 7 Uhr

B

bad bæd schlecht

balcony ˈbælkənɪ Balkon
banana bəˈnɑːnə Banane
bat bæt Fledermaus
bathroom ˈbɑːθruːm Badezimmer
be biː sein
bean biːn Bohne
bedroom ˈbedruːm Schlafzimmer
beer bɪə Bier
belt belt Gürtel
bicycle ˈbaɪsɪkl Fahrrad
blue bluː blau
book bʊk Buch
bookshelf ˈbʊkʃelf Bücherregal
bread bred Brot
break breɪk Pause
    Take a break. ˈteɪk‿ə‿ˈbreɪk Mach eine Pause.
breakfast ˈbrekfəst Frühstück
    Have breakfast! hæv ˈbrekfəst Frühstücke!
    I have breakfast. aɪ həv ˈbrekfəst Ich frühstücke.
brush brʌʃ putzen
    Brush your teeth! ˈbrʌʃ jɔː ˈtiːθ Putz dir die Zähne!
busy ˈbɪzɪ beschäftigt
but ˈbʌt außer
Bye. baɪ! Tschüs!

C
cabbage ˈkæbɪdʒ Kohl
cake keɪk Kuchen
camera ˈkæmərə Kamera
car kɑː Auto
carpet ˈkɑːpɪt Teppich
carrot ˈkærət Möhre
castle ˈkɑːsl Burg
    the old castle ði ˈəʊld ˈkɑːsl die alte Burg
cat kæt Katze
chair tʃeə Stuhl
cherry ˈtʃerɪ Kirsche
chicken ˈtʃɪkɪn Huhn
chimney ˈtʃɪmnɪ Schornstein
chocolate ˈtʃɒklət Schokolade
clean kliːn sauber
clever ˈklevə schlau
clock klɒk Uhr
coal kəʊl Kohle
coke kəʊk Cola
Congratulations! kənˈgrætʃəˈleɪʃnz Glückwünsche!
cow kaʊ Kuh

D
day deɪ Tag
deviation diːviˈeɪʃn Umleitung
dinner ˈdɪnə Abendessen
    Have dinner! hæv ˈdɪnə Iss zu Abend!
dirt dɜːt Schmutz
dirty ˈdɜːtɪ schmutzig
dog dɒg Hund
donkey ˈdɒŋkɪ Esel
dragon ˈdrægən Drache
draw drɔː ziehen
    Draw the sword out of this stone and the prize will be yours alone! drɔː ðə sɔːd aʊt‿əv ðɪs stəʊn ənd ðə ˈpraɪz wɪl biː ˈjɔːz‿əˈləʊn Zieh das Schwert aus diesem Stein, und der Preis gehört dir allein!
drink drɪŋk trinken
    Drink some tea! ˈdrɪŋk səm tiː Trink Tee!

E
eagle iːgl Adler
ears ɪəz Ohren
eggs egz Eier
eight eɪt acht
elephant ˈelɪfənt Elefant
eleven ɪˈlevn elf
entrance ˈentrəns Eingang
evening ˈiːvnɪŋ Abend
    in the evening ɪn ði‿ˈiːvnɪŋ am Abend, abends
eyes aɪz Augen

F
feet fiːt Füße
fingers ˈfɪŋgəz Finger
five faɪv fünf
    at five o'clock ət ˈfaɪv‿əˈklɒk um fünf Uhr
flag flæg Fahne
flour ˈflaʊə Mehl
for lunch fə ˈlʌntʃ zum Mittagessen
forest ˈfɒrɪst Wald
fork fɔːk Gabel
forks fɔːks Gabeln
four fɔː vier
    at four o'clock ət ˈfɔːr‿əˈklɒk um vier Uhr
fourteen fɔːˈtiːn vierzehn
fox fɒks Fuchs
French fries ˈfrentʃ fraɪz Pommes
Friday ˈfraɪdeɪ Freitag
frog frɒg Frosch

G
garden ˈgɑːdn Garten
Get up! getˈʌp Steh auf!
ghost gəʊst Geist
go gəʊ gehen
    go back gəʊ ˈbæk geh zurück
    Go for a ride! gəʊ fər‿ə ˈraɪd Geh reiten!
    Go to sleep! gəʊ tə ˈsliːp Geh schlafen!
    I go to sleep. aɪ gəʊ tə ˈsliːp Ich gehe schlafen.
goal gəʊl Ziel

goat gəʊt Ziege
Good luck. gʊd ˈlʌk Viel Glück!
Goodbye. gʊdˈbaɪ Auf Wiedersehen.
grass grɑːs Gras
green griːn grün
grey greɪ grau
guard gɑːd Wache
gutter ˈgʌtə Regenrinne

H
hair heə Haare
happy ˈhæpɪ glücklich
hat hæt Hut
have hæv haben
  Have breakfast! hæv ˈbrekfəst Frühstücke!
  Have dinner! hæv ˈdɪnə Iss zu Abend!
  Have lunch! hæv ˈlʌntʃ Iss zu Mittag!
heart ˈhɑːt Herz
Hello. həˈləʊ Hallo.
helmet ˈhelmət Helm
here hɪə hier
him hɪm ihm
his hɪz sein, seine
holiday ˈhɒlədeɪ Ferien
horse hɔːs Pferd
house haʊs Haus
how haʊ wie
  How do you do? haʊ djə ˈduː Wie geht's?
  How shocking! haʊ ˈʃɒkɪŋ Wie schrecklich!
hungry ˈhʌŋgrɪ hungrig

I
I aɪ ich
  I arrived aɪ əˈraɪvd Ich bin angekommen
  I arrived at five o'clock in the afternoon. aɪ əˈraɪvd‿ət ˈfaɪv‿əˈklɒk ɪn ðɪ‿ˈɑːftəˈnuːn Ich bin um fünf Uhr nachmittags angekommen.
  I arrived at nine o'clock in the morning. aɪ əˈraɪvd‿ət ˈnaɪn‿əˈklɒk ɪn ðə ˈmɔːnɪŋ Ich bin um neun Uhr morgens angekommen.
  I came ˈaɪ ˈkeɪm Ich kam
  I came to Wireland at four o'clock in the morning. aɪ keɪm‿tə ˈwaɪələnd‿ət fɔːr‿əˈklɒk ɪn ðə ˈmɔːnɪŋ Ich kam um vier Uhr morgens nach Wireland.
  I get up. aɪ get‿ˈʌp Ich stehe auf.
  I go to sleep. aɪ gəʊ tə ˈsliːp Ich gehe schlafen.
  I have breakfast. aɪ həv ˈbrekfəst Ich frühstücke.
  I have lunch. aɪ həv ˈlʌntʃ Ich esse zu Mittag.
  I was aɪ wɒz ich war
  I was here for lunch at one o'clock. aɪ wəz ˈhɪə fə ˈlʌntʃ‿ət ˈwʌn əˈklɒk Ich war zum Mittagessen hier, um ein Uhr.
  Well, I was here at seven o'clock in the evening. ˈwel aɪ wəz hɪər‿ət sevn‿əˈklɒk‿ɪn ðɪ‿iːvnɪŋ. Nun, ich war um 7 Uhr abends hier.
in ɪn am
  in the afternoon ɪn ðɪ‿ˈɑːftəˈnuːn am Nachmittag, nachmittags
  in the evening ɪn ðɪ‿ˈiːvnɪŋ am Abend, abends
  in the morning ɪn ðə ˈmɔːnɪŋ am Morgen, morgens
Iron Mountains ˈaɪən ˈmaʊntənz Eisenberge
is ɪz ist

J
juice dʒuːs Saft
  apple juice ˈæpl dʒuːs Apfelsaft
Just try it again. dʒəst ˈtraɪ‿ɪt əˈgen Versuch's einfach noch einmal.

K
key kiː Schlüssel
kitchen ˈkɪtʃən Küche
knife naɪf Messer
knight naɪt Ritter
  The knight takes his … with him. ðə ˈnaɪt teɪks hɪz wɪð‿hɪm Der Ritter nimmt sein(e) … mit.
knives naɪvz Messer (Mehrzahl)

L
lake leɪk See
lamp læmp Lampe
lazy ˈleɪzi faul
legs legz Beine
lemon ˈlemən Zitrone
lettuce ˈletɪs Kopfsalat
library ˈlaɪbrərɪ Bibliothek
lion ˈlaɪən Löwe
living room ˈlɪvɪŋruːm Wohnzimmer
lunch lʌntʃ Mittagessen
  for lunch fə ˈlʌntʃ zum Mittagessen
  Have lunch! hæv ˈlʌntʃ Iss zu Mittag!
  I have lunch. ˈaɪ həv ˈlʌntʃ Ich esse zu Mittag.

M
Marvellous. ˈmɑːvləs Wunderbar!
me miː mir, mich
meet miːt treffen
  Nice to meet you. ˈnaɪs‿tə ˈmiːt jə Schön, dich kennen zu lernen.
melon ˈmelən Melone
menu ˈmenjuː Speisekarte
milk mɪlk Milch
mirror ˈmɪrə Spiegel
Monday ˈmʌndeɪ Montag

monkey ˈmʌŋkɪ Affe
morning ˈmɔːnɪŋ Morgen
I arrived at nine o'clock in the morning. aɪ əˈraɪvd‿ət ˈnaɪn‿əˈklɒk‿ɪn ðə ˈmɔːnɪŋ Ich bin um neun Uhr morgens angekommen.
I came to Wireland at four o'clock in the morning. aɪ keɪm‿tə ˈwaɪələnd‿ət fɔːr‿əˈklɒk‿ɪn ðə ˈmɔːnɪŋ Ich kam um vier Uhr morgens nach Wireland.
in the morning ɪn ðə ˈmɔːnɪŋ am Morgen, morgens
mouse maʊs Maus
music room ˈmjuːzɪk ˈruːm Musikzimmer

N
neck nek Hals
News njuːz Nachrichten
Nice to meet you. ˈnaɪs‿tə ˈmiːt juː Schön, dich kennen zu lernen.
nine naɪn neun
at nine o'clock æt ˈnaɪn‿əˈklɒk um neun Uhr
nose nəʊz Nase
not not nicht
Not so bad. ˈnɒt səʊ ˈbæd Gar nicht so schlecht.
nothing ˈnʌθɪŋ nichts
Nothing's on your shirt. ˈnʌθɪŋz‿ɒn jɔː ˈʃɜːt Nichts ist auf deinem Hemd.
number ˈnʌmbə Nummer

O
octopus ˈɒktəpəs Krake
oil ɔɪl Öl
old əʊld alt
the old castle ði əʊld ˈkɑsl die alte Burg
on ɒn auf
one wʌn eins
at one o'clock æt wʌn‿əˈklɒk um ein Uhr
onion ˈʌnjən Zwiebel
orange ˈɒrɪndʒ Orange, orange

P
p.m. ˈpiːˈem nachmittags (nach 12 Uhr)
pea piː Erbse
peaceful ˈpiːsfəl friedlich
pear peə Birne
Pence pens engl. Münze
Penny ˈpeni engl. Münze
pepper ˈpepə Pfeffer
picture ˈpɪktʃə Bild
plate pleɪt Teller
plates pleɪts Teller (Mehrzahl)
play pleɪ spielen
You play again. ˈjuː pleɪ əˈgen Du bist noch einmal dran.
playroom ˈpleɪruːm Kinderzimmer
potato pəˈteɪtəʊ Kartoffel
Pound paʊnd Pfund (engl. Währung)
prize praɪz Preis
pumpkin ˈpʌmkɪn Kürbis
pyjamas pəˈdʒɑːməz Schlafanzug

R
rabbit ˈræbɪt Kaninchen
radio ˈreɪdɪəʊ Radio
rat ræt Ratte
raven ˈreɪvn Rabe
read ˈriːd lesen
Read a book! ˈriːd‿ə ˈbʊk Lies ein Buch!
Ready, steady, go! ˈredi ˈstedi ˈgəʊ Auf die Plätze, fertig, los!
red red rot
rice raɪs Reis
right raɪt richtig
roof ruːf Dach
rubber boots ˈrʌbə buːts Gummistiefel

S
's = is z ist
sad sæd traurig
salad ˈsæləd Salat
salt sɔːlt Salz
Saturday ˈsætədeɪ Samstag
scissors ˈsɪzəz Schere
sea siː See, Meer
seven sevn sieben
sharks ʃɑːks Haie
ship ʃɪp Schiff
shirt ʃɜːt Hemd
Nothing's on your shirt. ˈnʌθɪŋz‿ɒn jɔː ˈʃɜːt Nichts ist auf deinem Hemd.
What is on your shirt? ˈwɒts‿ɒn jɔː ˈʃɜːt Was ist auf deinem Hemd?
shortcut ˈʃɔːtkʌt Abkürzung
shoulders ˈʃəʊldəz Schultern
six sɪks sechs
sky skaɪ Himmel
sleep sliːp schlafen
Go to sleep! gəʊ‿tə ˈsliːp Geh schlafen!
I go to sleep. aɪ gəʊ‿tə ˈsliːp Ich gehe schlafen.
slippers slɪpəz Hausschuhe
snake sneɪk Schlange
so səʊ so
So long. səʊ lɒŋ Bis dann!
soap səʊp Seife
socks sɒks Socken
some sʌm etwas
soup suːp Suppe
spaghetti spəˈgetɪ Spaghetti
spoon spuːn Löffel
spoons spuːnz Löffel (Mehrzahl)

stairs steəz Treppen
star stɑː Stern
stone stəʊn Stein
strawberry ˈstrɔːberɪ Erdbeere
strong strɒŋ stark
stupid ˈstjuːpɪd dumm
sugar ˈʃʊgə Zucker
sun sʌn Sonne
  The sun is shining. ðə ˈsʌn ɪz‿ʃaɪnɪŋ Die Sonne scheint.
Sunday ˈsʌndeɪ Sonntag
supper ˈsʌpə Abendessen
sword sɔːd Schwert

T
table ˈteɪbl Tisch
take teɪk nehmen
  Take a break. ˈteɪk‿ə ˈbreɪk Mach eine Pause.
  Take care. ˈteɪk keə Pass auf dich auf!
  The knight takes his … with him. ðə ˈnaɪt teɪks hɪz wɪð hɪm Der Ritter nimmt sein(e) … mit.
tart tɑːt Törtchen
tea tiː Tee
  Drink some tea! ˈdrɪŋk səm ˈtiː Trink Tee!
teeth tiːθ Zähne
  Brush your teeth! ˈbrʌʃ jɔː tiːθ Putz dir die Zähne!
television ˈtelɪˌvɪʒn Fernseher
tell tel sagen, erzählen
  tell me ˈtel mi sag mir
ten ten zehn
the ðə, ði der, die, das
  the cleverest ðə ˈklevərɪst der Klügste
  The knight takes his … with him. ðə ˈnaɪt teɪks hɪz wɪð hɪm Der Ritter nimmt sein(e) … mit.
  the old castle ði əʊld ˈkɑːsl die alte Burg
  The sun is shining. ðə ˈsʌn ɪz‿ˈʃaɪnɪŋ Die Sonne scheint.
thirteen θɜːˈtiːn dreizehn
This way back! ˈðɪs weɪ ˈbæk Diesen Weg zurück!
three θriː drei
Thursday ˈθɜːzdeɪ Donnerstag
toad təʊd Kröte
toilet ˈtɔɪlət Toilette
toilet paper ˈtɔɪlət ˈpeɪpə Toilettenpapier
tomato təˈmɑːtəʊ Tomate
toothbrush ˈtuːθbrʌʃ Zahnbürste
tournament ˈtʊənəmənt Turnier
towel ˈtaʊəl Handtuch
tower ˈtaʊə Turm
toy tɔɪ Spielzeug
tractor ˈtræktə Traktor
traffic light ˈtræfɪk ˈlaɪt Ampel
trousers ˈtraʊzəz Hose
try traɪ versuchen
  Just try it again. djəst ˈtraɪ‿ɪt əˈgen Versuch's einfach noch einmal.
Tuesday ˈtjuːzdeɪ Dienstag
Turn left. tɜːn ˈleft Bieg nach links ab.
Turn right. tɜːn ˈraɪt Bieg nach rechts ab.
twelve twelv zwölf
two tuː zwei

V
vinegar ˈvɪnɪgə Essig

W
wardrobe ˈwɔːdrəʊb Kleiderschank
water ˈwɔːtə Wasser
way weɪ Weg
  This way back! ˈðɪs weɪ ˈbæk Diesen Weg zurück!
weak wiːk schwach
Wednesday ˈwenzdeɪ Mittwoch
week wiːk Woche
Welcome ˈwelkəm Willkommen
  Welcome to Wireland ˈwelkəm tə ˈwaɪələnd Willkommen in Wireland
Well, … wel Nun, …
  Well, I was here at seven o'clock in the evening. ˈwel aɪ wəz hɪər‿ət ˈsevn‿əˈklɒk ɪn ði ˈiːvnɪŋ Nun, ich war um 7 Uhr abends hier.
what wɒt was
  What is on your shirt? ˈwɒts‿ɒn jɔː ʃɜːt Was ist auf deinem Shirt?
window ˈwɪndəʊ Fenster
with wɪð mit
wrong rɒŋ falsch

Y
you juː du
  You play again. ˈjuː pleɪ əˈgen Du bist noch einmal dran.
your jɔː dein, deine
yours jɔːz der deine